Jo-Jo

Lesebuch 3

Arbeitsheft
Fördern

Grundschule Bayern

Erarbeitet von
Brigitte Umkehr

Jo-Jo Lesebuch 3

Arbeitsheft
Fördern
Grundschule Bayern

Erarbeitet von: Brigitte Umkehr

Unter Einbeziehung der Ausgabe von: Nicola Kiwitt, Martin Wörner

Redaktion: Dr. Birgit Waberski

Illustrationen: **Lars Baus** (U2, S.4, S.5, S.6, S.7, S.8, S.11–21, S.24–31, S.33, S.35, S.39–58, S.60, S.61, S.64)
Thorsten Droessler (S.6, S.19u., S.23u., S.27u., S.35u., S.55u., S.59, S.63)

Umschlagillustration: Sylvia Graupner

Gesamtgestaltung und technische Umsetzung: Heike Börner

www.cornelsen.de

◇ Texte mit diesem Zeichen wurden aus didaktischen Gründen gekürzt oder vereinfacht. Genaue Informationen stehen im Textquellenverzeichnis bei den betreffenden Texten.

1. Auflage, 1. Druck 2019

Alle Drucke dieser Auflage sind inhaltlich unverändert und können im Unterricht nebeneinander verwendet werden.

Druck: H. Heenemann, Berlin

ISBN 978-3-06-084532-3

PEFC zertifiziert
Dieses Produkt stammt aus nachhaltig bewirtschafteten Wäldern und kontrollierten Quellen.
PEFC
PEFC/04-31-1156
www.pefc.de

Inhalt

 Wahlaufgabe

Lese-Spielwiese

Verhexter Stundenplan

(1) An welchem Tag ist was? Folge den Linien zuerst mit den Augen.
Zeichne dann die Linien mit verschiedenen Farben nach.

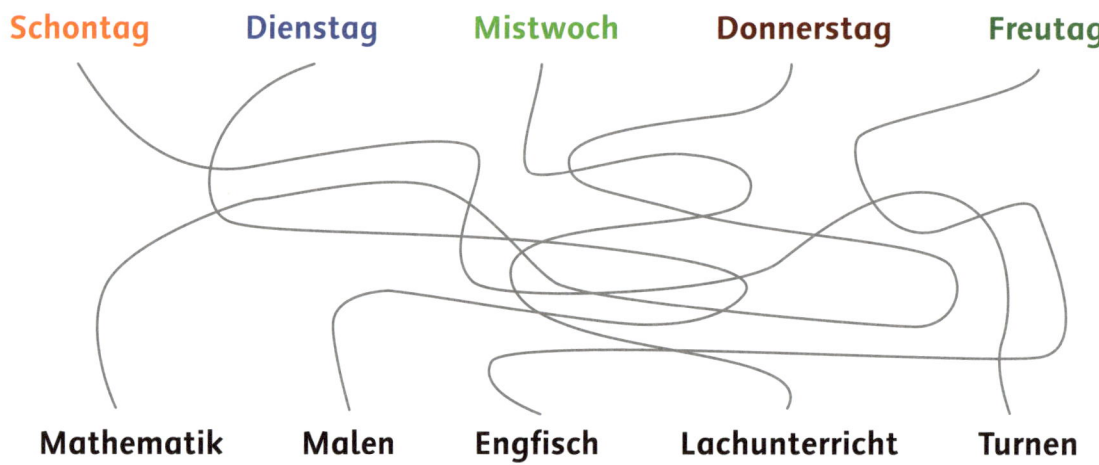

Schontag   Dienstag   Mistwoch   Donnerstag   Freutag

Mathematik   Malen   Engfisch   Lachunterricht   Turnen

(2) Was ist wann? Schreibe auf.

Schontag → _____

_____ → _____

_____ → _____

_____ → _____

_____ → _____

(3) Lies die Wörter.
Schwinge die Silben. Zähle sie.

Schulweg	2		treffen			Stundenplan	
Englisch			begleiten			Aufgabe	
Streifen			Mathematik			Lehrer	

Zu Jo-Jo-Lesebuch Bayern, Seite 6:
Blickschulung: Wörter lesen; Silben schwingen und zählen

Kann das wirklich sein?

(1) Lies die Wörter und setze ein.

Gras Hasen Reh Wiese Schwänze

„Von meinem Zimmer aus habe ich einen tollen Blick

auf die _____.", erzählt Max. „Jeden Morgen

hoppeln dort die _____.

Ihre langen _____ schauen immer

aus dem _____ heraus.

Manchmal kommt auch ein _____ vorbei."

(2) Schreibe die Wörter passend zum Bild.

Blume Seher Läufe Löffel

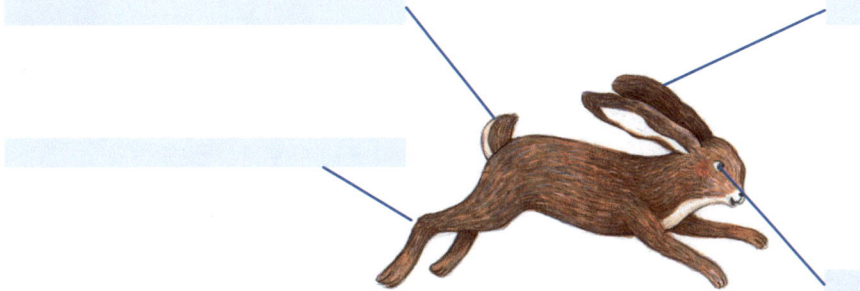

(3) Markiere den Fehler im Text von Aufgabe 1.
Wie muss der Satz richtig heißen? Schreibe auf.

_____

_____

Zu Jo-Jo-Lesebuch Bayern, Seite 9:
Lückentext ergänzen; Zeichnung beschriften;
Sinn von Sätzen überprüfen

5

Kleiner Unsinn

W e r│n i c h t r i c h t i g l e s e n k a n n	richtig	lesen
f a n g n o c h m a l v o n v o r n e a n	nochmal	vorne
d e n n i c h s c h r e i b e h i e r d i e w o r t e	schreibe	Worte
a n d e r s a l s m a n s e u c h g e l e h r t	mans	gelehrt
z w a r n i c h t u n b e d i n g t v e r k e h r t	unbedingt	verkehrt
s o n d e r n e i n f a c h a n e i n a n d e r	einfach	aneinander
d a s s m a n s i e n i c h t g l e i c h e r k e n n t	gleich	erkennt
a u c h w e n n i h r d a s u n s i n n n e n n t	Unsinn	nennt
d o c h e i n k l e i n e r u n s i n n m a c h t	kleiner	macht
d a s s m a n g e r n d a r ü b e r l a c h t .	darüber	lacht

Gottfried Herold

(1) Lies die Wörter in der **rechten** Spalte.

(2) Lies den Text in der **linken** Spalte und trenne die Wörter durch Striche │.

(3) Lies den Text laut vor.

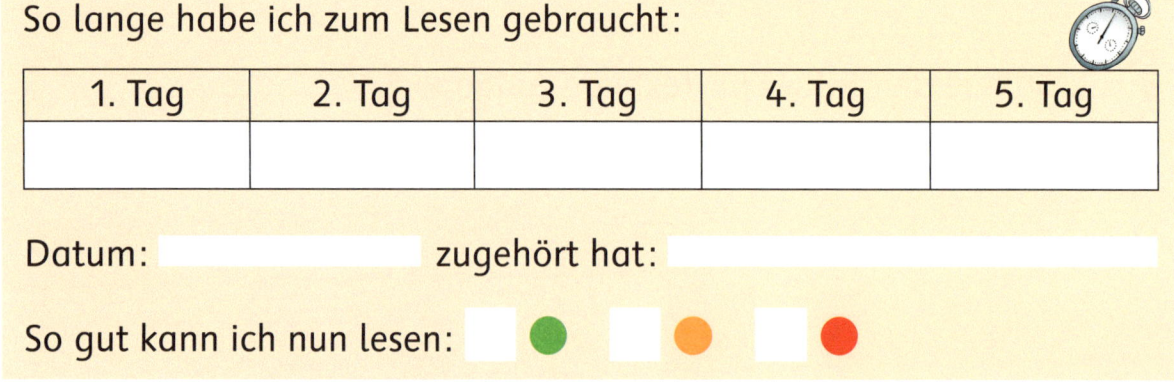

So lange habe ich zum Lesen gebraucht:

1. Tag	2. Tag	3. Tag	4. Tag	5. Tag

Datum: _____ zugehört hat: _____

So gut kann ich nun lesen: ⬜ 🟢 ⬜ 🟠 ⬜ 🔴

Zu Jo-Jo-Lesebuch Bayern, Seite 10:
genau lesen; Wortgrenzen erkennen und einzeichnen;
lautes Lesen, Selbsteinschätzung

Die geheime Inschrift

(1) Decke die Sätze mit einem Blatt ab. Lies dann Zeile für Zeile.
Wenn du dich verlesen hast, gehe eine Zeile zurück.

Heute ist
Heute ist unser Wandertag
Heute ist unser Wandertag mit der Klasse.

Mitten auf der Lichtung
Mitten auf der Lichtung steht
Mitten auf der Lichtung steht ein großer Stein
Mitten auf der Lichtung steht ein großer Stein mit Inschrift.

(2) Lies die Geheimschrift. Trenne die Wörter an der richtigen Stelle.

Wa nde re r g ibs tet sguta cht,

amhel lenT agun dind erNa cht.

Verl as sen iede sWeg es Stein,

la ufni e mal sind en Wal dhine in.

V erz aube rtis tde r Höhle nort,

gla ub stdu mi rni cht, bi std ub al dfo rt. ◇

Maja von Vogel

(3) Schreibe die geheime Inschrift richtig auf.

Zu Jo-Jo-Lesebuch Bayern, Seite 11:
Sätze aufbauend lesen; Wortgrenzen erkennen und einzeichnen;
Text richtig aufschreiben

7

Ich – Du – Wir

Deutsch ist schwer

1 Lies das Gedicht.
Unterstreiche die drei Tiernamen rot, die es nicht gibt.

Deutsch ist schwer.
Das kann ich beweisen,
bitte sehr!
Herr Maus heißt zum Beispiel Mäuserich.
Herr Laus aber keineswegs Läuserich.
Herr Ziege heißt Bock,
aber Herr Fliege nicht Flock.
Frau Hahn heißt Henne,
aber Frau Schwan nicht Schwenne.
Frau Pferd heißt Stute,
Frau Truthahn Pute,
und vom Schwein die Frau
heißt Sau.
Und die Kleinen sind Ferkel.
Ob ich mir das merkel?
Und Herr Kuh ist gar ein doppeltes Tier,
heißt Ochs oder Stier,
und alle zusammen sind Rinder.
Aber die Kinder
sind Kälber!
Na, bitte sehr,
sagt doch selber:
Ist Deutsch nicht schwer?

Mira Lobe

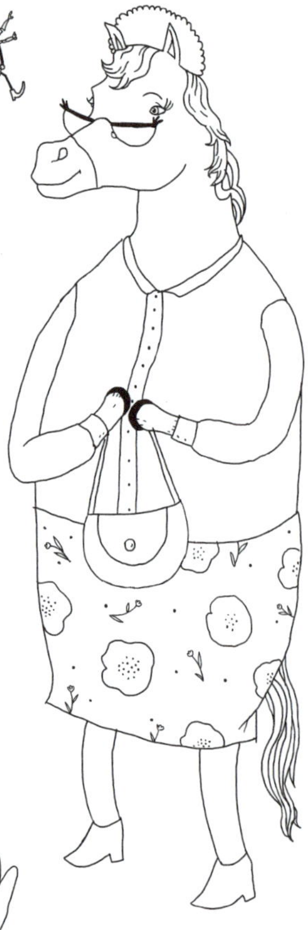

2 Male nur die Tiere aus,
die im Gedicht genannt werden.

Zu Jo-Jo-Lesebuch Bayern, Seite 28:
genau und sinnentnehmend lesen; Tiernamen und Fantasienamen unterscheiden;
zum Text passend malen

3 Immer zwei Zeilen reimen sich.
Male sie mit der gleichen Farbe aus.

Herr Maus heißt zum Beispiel Mäuserich.

Frau Pferd heißt Stute,

Frau Hahn heißt Henne,

Frau Truthahn Pute,

Herr Laus aber keineswegs Läuserich.

aber Frau Schwan nicht Schwenne.

4 Wer passt nicht zur Tierfamilie? Streiche durch.
Tipp: Immer zwei Namen in jeder Zeile passen nicht.

Schweine: Sau ✦ Eber ✦ Pfau ✦ Ferkel ✦ Biber

Pferde: Esel ✦ Fohlen ✦ Stute ✦ Pute ✦ Hengst

Rinder: Stier ✦ Kamel ✦ Kalb ✦ Kuh ✦ Strauß

Hühner: Hahn ✦ Henne ✦ Hund ✦ Kalb ✦ Küken

Ziegen: Geiß ✦ Schaf ✦ Zicklein ✦ Reh ✦ Bock

5 Lies das Gedicht auf Seite 8 mehrmals. Trage es betont vor.

Datum: _____ zugehört hat: _____

So gut kann ich das Gedicht vortragen: ⬜ 🟢 ⬜ 🟠 ⬜ 🔴

Zuhörer: So gut war der Vortrag: ⬜ 🟢 ⬜ 🟠 ⬜ 🔴

Zu Jo-Jo-Lesebuch Bayern, Seite 28:
Gedichtzeilen einander zuordnen; Wörter genau lesen und inhaltlich nicht passende
Wörter streichen; Lesen eines Gedichts üben, Selbsteinschätzung

9

Das Bauchweh

1 Lies die Überschrift. Worum könnte es gehen?
Schreibe deine Vermutung auf.

2 Hast du auch schon einmal Bauchweh gehabt?
Überlege. Schreibe auf.

3 Lies den Text genau.

Einmal hab ich Bauchweh gehabt.
„Ich habe Bauchweh", habe ich zu meiner Mutter gesagt.
„Schreibst du eine Arbeit heute?", hat sie mich gefragt.
„Ja, aber ich habe wirklich Bauchweh!", habe ich zu meiner
5 Mutter gesagt. Da hat sie mir eine Entschuldigung geschrieben.
Ich bin nicht zur Schule gegangen. Mutter hat gesagt, dass ich
zu Hause bleiben soll, und sie hat mir eine Suppe gemacht und
mit mir geübt.
Als ich am nächsten Morgen zur Schule gegangen bin, hab ich
10 kein Bauchweh mehr gehabt. Der Lehrer war auch krank gewesen.
Dann hat er die Arbeit mit uns allen nachgeschrieben und
ich habe nur wenige Fehler gemacht. Seitdem habe ich
kein Bauchweh mehr vor einer Arbeit. ◈

Nasrin Siege

4 Lies nochmals den Text auf Seite 10.
Kreuze an, was stimmt. Notiere das Lösungswort.

☐ B Das Kind will nicht zur Schule, weil es keine Lust hat.

☐ S Das Kind hat Bauchweh, weil es Angst vor der Arbeit hat.

☐ E Die Mutter hat das Kind in die Schule geschickt.

☐ L Die Mutter hat mit dem Kind zu Hause Fernsehen geguckt.

☐ U Das Kind hat mit der Mutter geübt.

☐ P Die Klassenarbeit ist ausgefallen, weil der Lehrer krank ist.

☐ A Das Kind muss die Arbeit allein nachschreiben.

☐ F Das Kind hat viele Fehler in der Arbeit gemacht.

☐ P Das Kind hat wenige Fehler in der Arbeit gemacht.

☐ E Das Kind hat am Schluss kein Bauchweh mehr vor einer Arbeit.

Lösungswort: ____ ____ ____ ____ ____

5 Verbinde passend.

Rezepte gegen Bauchweh

Ein bisschen mit Mama oder Papa   bekommen.

Eine Geschichte vorgelesen   kuscheln.

Das Schmusetier   anschauen.

Ein Bilderbuch   toben.

Draußen mit Freunden   drücken.

 Welches Rezept gegen Bauchweh fällt dir ein? Schreibe es auf.

Zu Jo-Jo-Lesebuch Bayern, Seite 29:
zutreffende Aussagen zu einem Text ankreuzen; Satzhälften sinnvoll verbinden;
eine eigene Idee formulieren

11

Du bist da, und ich bin hier

1 Lies das Gedicht. Ergänze die Strophen.
Tipp: Achte auf die Gegensatzpaare.

ich allein.   ich bin Tier.   und ich bin leer.   und ich bin hier.

und ich bin Berg.   und ich bin schwer.   ich bin Zwerg.

Du bist da,

   und ich bin hier.

Du bist Pflanze,

Du bist Riese,

Du bist Tal,

Du bist leicht,

Du bist voll,

Du bist einsam,

Komm, wir wollen Freunde sein. ◇   *Frantz Wittkamp*

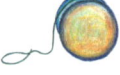 Finde andere Gegensatzpaare. Schreibe dein Freundschaftsgedicht.

Du bist _____, ich bin _____.

Du bist _____, ich bin _____.

Komm, wir wollen Freunde sein.

Zu Jo-Jo-Lesebuch Bayern, Seite 32:
Gedicht passend ergänzen; Gegensatzpaare finden, eigenes Gedicht schreiben

Erste Hilfe

Wenn Kinder zwischen acht und zehn Jahren alt sind,

können sie zu Juniorhelfern ausgebildet werden.

Das lernen die Juniorhelfer: Wunden versorgen,

bei Verbrennungen und Knochenbrüchen helfen,

5 mit einem Notruf Hilfe holen.

Wenn ein Mensch bewusstlos ist, können sie ihn

in die „stabile Seitenlage" legen.

Am „Tag des Schulsanitätsdienstes" zeigen

die Juniorhelfer, was sie gelernt haben: Ein paar Kinder

10 spielen die Verletzten und die Juniorhelfer versorgen

ihre „Wunden". Außerdem beantworten die Juniorhelfer

Fragen zur Ersten Hilfe und informieren über gesunde Ernährung.

In den Pausen passen Juniorhelfer auf und helfen,

wenn etwas passiert ist.

(1) Lies den Text.
Finde die Antworten auf die **W-Fragen** im Text.
Markiere sie in derselben Farbe.

Wie alt sind Kinder, wenn sie zu Juniorhelfern ausgebildet werden?
Was lernen die Juniorhelfer?
Was wird mit bewusstlosen Menschen gemacht?
Wann dürfen Juniorhelfer zeigen, was sie gelernt haben?
Welche Fragen müssen die Juniorhelfer noch beantworten?
Wo kommen die Juniorhelfer zum Einsatz?

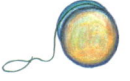 Lies im **Jo-Jo-Lesebuch** die Seite 33.

Herbst

Herbstwind und Sonne

1 Folge den Linien zuerst nur mit den Augen.
Ziehe sie dann mit verschiedenen Farben nach.
Ein Bild fehlt. Male es in den Rahmen.

Herbstwind

Sonnenschein

Regen

Wolkenmeer

stürmischer Wind

2 Was bedeuten diese Sätze? Kreuze an.

1. Der Wanderer hat sich dick vermummt.

☐ Er hat sich warm angezogen. (S)   ☐ Er hat fast nichts an. (L)

2. Er hat sich gut vorgesehen.

☐ Er hat gut gegessen. (E)   ☐ Er hat gut vorgesorgt. (O)

3. Der Wind bläht sich wie ein Ballon.

☐ Der Wind ist ganz sanft. (L)   ☐ Der Wind pustet stark. (N)

4. Ziegel krachen von den Dächern.

☐ Eine Ziege meckert. (B)   ☐ Dachplatten fallen herab. (N)

5. Boote kentern.

☐ Boote kippen um. (E)   ☐ Boote schaukeln leicht. (F)

3 Schreibe die Buchstaben von den richtigen Sätzen auf.

Lösungswort: ＿＿ ＿＿ ＿＿ ＿＿ ＿＿
               1   2   3   4   5

Zu Jo-Jo-Lesebuch Bayern, Seite 41:
Blickschulung; schwierige Begriffe und Sätze verstehen

4 Lies die Sätze. Zeichne die Silbenbögen ein.

Herbst ist es. Mal scheint die Sonne.

Mal regnet es. Mal bläst ein kalter Wind.

Das Wetter ist wechselhaft.

Der Wanderer ist dick angezogen.

Der Wind pfeift, faucht und stürmt.

Der Wanderer wickelt sich fest

in seinen Mantel ein.

Dann kommt die Sonne hervor.

Sie scheint und strahlt durch die Wolken.

Dem Wanderer wird es im Mantel zu heiß. ◇

nach La Fontaine

5 So bewirkt Milde oft mehr als rohe Gewalt.
Kreuze an, welche drei Sätze dazu stimmen.

☐ „Mild" bedeutet hier nachsichtig und sanftmütig.

☐ Gewalt kann viel Schönes bewirken.

☐ Rohes Essen schmeckt besser als gekochtes Essen.

☐ Man erreicht oft mehr, wenn man auf sanfte Art
mit anderen umgeht.

☐ Nach und nach kommt man auf sanfte Art auch zum Ziel.

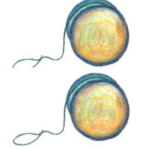 Vergleiche deine Lösungen mit einem Partnerkind.

Lies im **Jo-Jo-Lesebuch** die Seite 41.

Zu Jo-Jo-Lesebuch Bayern, Seite 41:
Silbenbögen in einen Text einzeichnen; eine Aussage verstehen und
passende Sätze ankreuzen

15

Warum es keine Weihnachtslärche gibt

(1) Lies den Text laut.

Erzähler:	Die Bäume sprechen mit dem Herbst.
Eiche:	Der Frühling hat uns allen grüne Kleider gegeben!
Birnbaum:	Und schneeweiße Blüten!
Alle Bäume:	Der Sommer hat uns Früchte gegeben!
Erzähler:	Die Bäume lobten den Frühling und den Sommer.
Alle Bäume:	Und du, Herbst, du nimmst uns die Früchte! Und was gibst du uns dafür?
Herbst:	Ich habe nichts mitgebracht. Ich kann euch nichts geben. Ihr habt doch eure grünen Kleider noch!
Alle Bäume:	Ach, unsere grünen Kleider!
Eiche:	Die können wir nicht mehr sehen.
Birke:	Kannst du uns nicht wenigstens die Kleider färben?
Alle Bäume:	Ja, Herbst, du musst uns die Kleider färben! ◇

nach Josef Guggenmos

(2) Lies den Text zwei weitere Male. Betone dabei die gelben Wörter.
Tipp: Du kannst dir auch Partnerkinder zum Lesen suchen.

(3) Schreibe einen oder zwei Sätze ab, die du besonders gut betonen konntest.

Zu Jo-Jo-Lesebuch Bayern, Seite 42–45:
einen Text mit verteilten Rollen lesen üben; Selbsteinschätzung zum betonten Lesen

4 So geht der Text weiter. Lies und probiere aus, welche Wörter du besonders betonen kannst.

Herbst: Ich würde euch gern die Kleider färben.
Aber was wird der Winter sagen?
Er mag keine bunten Kleider.

Fichte: Der Winter hat bestimmt nichts dagegen.
Wir werden die bunten Blätter abwerfen.

Herbst: Wir fragen ihn. Wind, lauf zum Winter und frag ihn.

Erzähler: Der Wind lief zum Winter und fragte ihn.
Der Winter war einverstanden.

Winter: Aber die vier Nadelbäume müssen grün bleiben.

Erzähler: Der Wind lief zurück und richtete die Botschaft aus.

Wind: Fichten, Tannen, Kiefern, Föhren,
ihr vier habt mir zuzuhören!
Bleibet grün, so wie ihr seid,
grün, grün, grasgrün allezeit!

Erzähler: Leider hatte der Wind einen Fehler gemacht.
Er hatte die Kiefer zweimal genannt.
Denn Kiefern nennt man auch Föhren.
Die Lärche hatte er aber vergessen.
Deshalb verliert die Lärche im Herbst ihre Nadeln. ◈

nach Josef Guggenmos

5 Markiere diese Wörter im Text. Zähle sie.

Erzähler: ☐	grün: ☐	Kleider: ☐
Föhren: ☐	Wind: ☐	Winter: ☐
Herbst: ☐	Lärche: ☐	Blätter: ☐

Zu Jo-Jo-Lesebuch Bayern, Seite 42–45:
Wörter im Text finden und markieren, die gut betont werden können;
Wörter in einem Text erkennen und zählen

17

Natur entdecken: Pflanzen

Die Lebensgeschichte des Baumes

(1) Lies den Text.

Am Baumstumpf von einem frisch abgesägten Baum kannst du
Ringe sehen. In jedem Jahr entsteht ein Ring. An den Jahresringen
kannst du genau erkennen, wie alt der Baum war. Gab es genug
Sonne, Wasser und Nährstoffe, ist der Jahresring breit. War es
5 trocken oder hatte der Baum Schädlinge, dann ist der Ring schmal.
Im Frühling und Sommer wächst der Baum schneller. Sein Holz ist
dann hell. Im Herbst wächst der Baum langsam und es entsteht
dunkleres Holz.

(2) Markiere im Text, woran du das Alter von Bäumen erkennen kannst.

(3) Lies und verbinde die Satzhälften passend.

Jedes Jahr wächst dem Baum   wächst der Baum schneller.

Wenn ein Ring breit ist,   sind Herbstholz.

In einem schlechten Jahr   ein neuer Ring.

Im Frühjahr und Sommer   ist der Ring schmal.

Die dunklen Ringe   gab es viel Sonne und Nährstoffe.

(4) Schreibe die Nummern zu den passenden Begriffen.

☐ Baumstumpf

☐ Jahresringe

☐ Rinde

☐ gutes Wachstumsjahr

☐ schlechtes Wachstumsjahr

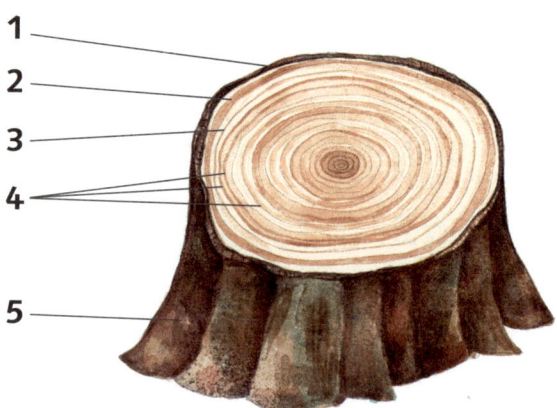

Zu Jo-Jo-Lesebuch Bayern, Seite 49:
genau lesen; Satzteile verbinden;
Beschriftungen einer Zeichnung zuordnen

Was wäre, wenn es keinen Wald mehr gäbe?

1 Lies den Text. Streiche in jedem Satz ein Stolperwort.

Ohne Wald hätten wir keine Möbel aus Holz ~~Wand~~,
wie zum Beispiel Stühle und Tische. Papier wird
aus Holz gefunden hergestellt. Aus der Baumrinde
werden Korken gemacht, aus Buntstift Baumharz
5 Klebstoffe und Farben.

Der Wald sorgt fängt dafür, dass der Boden
gereinigt und Wasser gespeichert wird.
Die Menschen Maschinen können sich erholen
und Pilze oder Beeren sammeln. Viele Tiere wohnen
10 im Wald Wind und finden dort ihr Futter.

Besonders grün wichtig ist jedoch, dass wir ohne Wald
keinen Sauerstoff mehr hätten. Den brauchen backen wir
und alle anderen Lebewesen zum Atmen.
Ohne Wald können wir besonders nicht leben! ◇

nach Daniela Nase

2 Suche diese wichtigen Wörter im Text und unterstreiche sie farbig:

Wald, Möbel, Papier, Korken, Klebstoffe, Farben, Boden gereinigt,
Wasser gespeichert, Pilze, Beeren, Tiere, Sauerstoff

3 Lies den Text laut vor.

So lange habe ich zum Lesen gebraucht:				
1. Tag	2. Tag	3. Tag	4. Tag	5. Tag

Datum: _____ zugehört hat: _____

So gut kann ich nun lesen: ⬜ 🟢 ⬜ 🟠 ⬜ 🔴

Zu Jo-Jo-Lesebuch Bayern, Seite 51:
genau lesen, „Stolperwörter" streichen; wichtige Wörter finden und unterstreichen;
wiederholtes Lesen, Selbsteinschätzung

19

Apfelkantate

(1) Lies das Gedicht.

Der Apfel ist nicht gleich am Baum. ●
Da war erst lauter Blüte.
Da war erst lauter Blütenschaum.
Da war erst lauter Frühlingstraum
5 und lauter Lieb und Güte.

Da waren Blätter, grün an grün ●
und grün an grün nur Blätter.
Die Amsel nach des Tages Mühn,
sie sang ihr Abendlied gar kühn.
10 Und auch bei Regenwetter.

Der Herbst, der macht die Blätter steif. ●
Der Sommer muss sich packen.
Hei, dass ich auf dem Finger pfeif:
Da sind die ersten Äpfel reif
15 und haben rote Backen!

(2) Verbinde die Strophen passend mit den Bildern.

(3) Was ist eine „Kantate"? Kreuze an.
Tipp: Du kannst das Wort auch im Lexikon nachschlagen.

☐ ein Boot, das auf Kanälen fährt

☐ ein Lied   ☐ eine Verwandte

(4) „Der Sommer muss sich packen."
Was bedeutet dieser Satz? Schreibe eine Erklärung auf.

Zu Jo-Jo-Lesebuch Bayern, Seite 53:
genau lesen; Bilder Gedichtstrophen zuordnen; einen unbekannten Begriff klären;
eine Aussage in eigenen Worten erklären

Das leichte Brot

(1) Betrachte die Bilder und lies die Sätze.
Nummeriere die Sätze in der richtigen Reihenfolge.
Die Bilder helfen dir dabei.

☐ Aus dem Mehl wird ein Teig angerührt und zu Broten geformt.

☐ Wenn die Ähren reif sind, wird das Getreide
gemäht und gedroschen.

☐ Zuerst wird die Erde gepflügt und das Korn gesät.

☐ Die Brote werden im Ofen gebacken.

☐ Die gedroschenen Körner werden in der Mühle
zu Mehl gemahlen.

☐ Nach einer Zeit wächst aus der Saat das Getreide,
dann blüht es und bildet Ähren.

(2) Lies die Sätze in der richtigen Reihenfolge mehrmals laut.

Lies im **Jo-Jo-Lesebuch** die Seiten 54 und 55.

Zu Jo-Jo-Lesebuch Bayern, Seite 54/55:
Textteile mit Hilfe von Bildern in die richtige Reihenfolge bringen;
wiederholtes Lesen

21

Unglaubliche Geschichten

Baron Münchhausen

(1) Lies die Wörter Zeile für Zeile immer schneller.

Ba ron Münch hau sen	merk wür di ge Jagd er leb nis se
Baron Münchhausen	merkwürdige Jagderlebnisse
Baron Münchhausen	merkwürdige Jagderlebnisse

un glaub li che Schiff fahr ten	Kur zer hand wen de te er
unglaubliche Schifffahrten	Kurzerhand wendete er
unglaubliche Schifffahrten	Kurzerhand wendete er

sei ne Bä ren kräf te	am ei ge nen Haar schopf
seine Bärenkräfte	am eigenen Haarschopf
seine Bärenkräfte	am eigenen Haarschopf

(2) Zeichne jeweils in die letzte Zeile von Aufgabe 1 die Silbenbögen ein.

(3) Verbinde passend. Setze das Lösungswort richtig zusammen.

1. allem Anschein nach	dachte, er würde sterben	nb
2. wendete sein Pferd	furchtlos, ohne Angst	ar
3. fühlte sein Ende nahen	kehrte mit seinem Pferd um	ge
4. beherzt	so aussehen wie	Lü
5. dann besann er sich auf seine Bärenkräfte	dann fiel ihm ein, wie stark er war	on

Lösungswort: ____ ____ ____ ____ ____

           1   2   3   4   5

Zu Jo-Jo-Lesebuch Bayern, Seite 56/57:
Lesetempo steigern, dazu Silbenstruktur nutzen; Silbenbögen einzeichnen;
Ausdrücke mit der passenden Erklärung verbinden

4 Überfliege den Text mit den Augen. Finde und markiere die Wörter in den Rahmen aus Aufgabe 1 von Seite 22.

Manche sagen, Baron Münchhausen war der größte Schwindler aller Zeiten. Der Lügenbaron erzählte äußerst merkwürdige Jagderlebnisse, unglaubliche Schifffahrten und viele andere ausgedachte Geschichten:

Auf einer Jagd wollte der Baron mit seinem Pferd
5 über einen Sumpf springen.
Erst als das Pferd abgesprungen war, bemerkte
Münchhausen, dass der Sumpf viel breiter war, als er
zuerst gedacht hatte. Kurzerhand wendete er sein Pferd
mitten in der Luft und landete wieder dort,
10 wo sie abgesprungen waren.
Er ließ sein Pferd einen größeren Anlauf nehmen
und versuchte es erneut. Doch auch dieses Mal
schaffte das Pferd den Sprung nicht und
sie stürzten in den Sumpf. Zum Glück fielen da
15 dem Baron seine Bärenkräfte ein. Er ergriff
seinen Zopf und zog sich mit dem Pferd
am eigenen Haarschopf aus dem Sumpf.
So konnten sie ihren Ritt unversehrt fortsetzen. ◇

Text: nach Gottfried August Bürger / Bild: Cornelia Haas

5 Lies den Text laut vor.

So lange habe ich zum Lesen gebraucht:				
1. Tag	2. Tag	3. Tag	4. Tag	5. Tag

Datum: ⬚ zugehört hat: ⬚

So gut kann ich nun lesen: ☐ 🟢 ☐ 🟠 ☐ 🔴

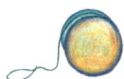 Lies im **Jo-Jo-Lesebuch** die Seiten 56 und 57.

Zu Jo-Jo-Lesebuch Bayern, Seite 56/57:
überfliegend lesen und Wörter bzw. Wortgruppen finden;
wiederholtes Lesen, Selbsteinschätzung

23

Käpt'n Blaubär, der Meister-Lügner

1 Lies den Text mehrmals.

Ich war im Botanischen Ozean, als mir eine
Flaschenpost mit einer Schatzkarte ins Netz ging.
Ich schipperte los, um den Schatz zu finden.
Die Karte führte mich zu einer SCHMATZinsel.

5 Genau! Die Schatzinsel war nämlich
in Wirklichkeit 'ne Schmatzinsel! Kaum dass
ich in der Insel drin war, klappte – ZACK! –
der Insel-Eingang zu. Sie war gar keine richtige Insel,
sondern eine fleischfressende Pflanze.

10 Auf der Schmatzinsel wachsen Palmen, an denen
Flaschenpostfrüchte mit gefälschten Schatzkarten drin reifen.
Die reifen Flaschen fallen ins Meer und irgendwann fischt sie
ein Schatzsucher auf.

Aber ich hatte keine Lust, als Mahlzeit von so 'nem
15 Inselgemüse zu enden. Ich musste das Ding dazu bringen,
das Maul wieder aufzureißen. Dafür brauchte ich nur:
einen guten Witz. Die Insel hat sich gar nicht mehr eingekriegt
vor Lachen. Ich bin natürlich nix wie raus. Ich sag's ja immer:
Mit Humor geht alles besser. ◇

2 In welchen Zeilen findest du diese Wörter?

SCHMATZinsel   Zeile: ☐   fleischfressende Pflanze   Zeile: ☐

Inselgemüse   Zeile: ☐   Flaschenpostfrüchte   Zeile: ☐

3 Was ist „Humor"? Kreuze an.

☐ gut kochen können   ☐ eine Reise machen

☐ Schätze finden   ☐ Witze machen und verstehen

Zu Jo-Jo-Lesebuch Bayern, Seite 60:
genau lesen; Wörter bzw. Wortgruppen finden, Zeilenzähler nutzen;
einen schwierigen Begriff aus dem Kontext heraus verstehen

4 Lies die vier **W-Fragen**.
Die Antworten sind auf der Seite 24 farbig markiert.
Male die Fragen dazu in der gleichen Farbe aus.

Was ging Käpt'n Blaubär ins Netz?

Wohin führte Käpt'n Blaubär die Karte?

Was passierte in dem Moment, als Käpt'n Blaubär in der Insel war?

Wo war Käpt'n Blaubär, als er die Flaschenpost fand?

5 Markiere zu diesen Fragen selbst die Antworten im Text.
Markiere Antworten und Fragen in derselben Farbe.

Was war die Schmatzinsel eigentlich?

Was brauchte Käpt'n Blaubär, um sich zu befreien?

6 Finde für die grauen Markierungen von Seite 24
selbst zwei **W-Fragen**.

Zu Jo-Jo-Lesebuch Bayern, Seite 60:
W-Fragen Textstellen zuordnen; Textstellen zu W-Fragen markieren;
selbst W-Fragen formulieren

25

Eddies Lügengeschichte

(1) Lies die Geschichte genau.

Als Pferd aufgewacht

Heute Morgen bin ich aufgewacht und war ein Pferd. Mama hat mich
gewarnt: „Eddie, wenn du dir etwas zu sehr wünschst, wird es über
Nacht wahr." Und das habe ich jetzt davon.

Alles fing mit Nadja an. Sie hat erzählt, sie würde bald Reitstunden
bekommen. Da hab ich gesagt: „Wenn du Reitstunden bekommst,
dann werde ich doch glatt zum Pferd." Alle haben gelacht. Und jetzt
ratet mal, wer heute seine erste Reitstunde haben soll?! Richtig, Nadja.
Was mache ich jetzt? Mein Fell glänzt und ist beinahe rot.
Mama macht große Augen und sagt:
„Denk jetzt bloß nicht, dass du nicht zur Schule musst."

Leise schleiche ich mich ins Klassenzimmer. Meine Hufe machen
klocka-di-klock und alle drehen sich um. Voll erwischt.
„Eddie?!", ruft Iris. Nadja ist blass wie ein Stück Kreide.

Ich setze mich mit dem Hintern auf den Boden. Jetzt bin ich
immer noch größer als alle anderen, die auf Stühlen sitzen. Spitze.
„Und nachher", sage ich laut, „gibt es Reitstunden für alle."
Nadja beginnt zu schluchzen und rennt aus der Klasse.

„Was habe ich getan?", frage ich unschuldig, obwohl ich genau weiß,
was ich getan habe. Ich hätte das mit der Reitstunde nicht sagen
sollen. Das war so, als ob ich Nadjas Geburtstagsgeschenk einen Tag
vor ihr ausgepackt hätte. ◈

Zoran Drvenkar

26

(2) Schreibe die Überschriften an die passenden Stellen auf Seite 26.
Markiere die Wörter, die dir geholfen haben.

Ich hätte das nicht sagen sollen   Nadjas Reitstunde

Alle drehen sich um   Reitstunden für alle   Als ~~Pferd aufgewacht~~

(3) Unterstreiche rot die Antworten auf die **W-Fragen** im Text.

1. **Wann** ist Eddie als Pferd aufgewacht?

2. **Wer** wird bald Reitstunden bekommen?

3. **Wie** sieht Eddies Fell aus?

4. **Was** macht Mama, als sie Eddie sieht?

5. **Wer** rennt aus dem Klassenzimmer?

6. **Warum** hätte Eddie das mit der Reitstunde nicht sagen sollen?

(4) Lies den Text auf Seite 26 mehrmals laut.
Danach kannst du ihn auch jemandem vorlesen.

So lange habe ich zum Lesen gebraucht:

1. Tag	2. Tag	3. Tag	4. Tag	5. Tag

Datum: _____   zugehört hat: _____

So gut kann ich nun lesen: ☐ ● ☐ ● ☐ ●

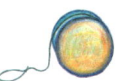

Findest du es richtig, dass Eddie das mit der Reitstunde gesagt hat?
Schreibe deine Meinung auf und begründe sie.

Zu Jo-Jo-Lesebuch Bayern, Seite 62/63:
Überschriften Textabschnitten zuordnen; zu W-Fragen die passenden Textstellen finden;
wiederholtes Lesen, Selbsteinschätzung; eigene Meinung formulieren

27

Winter

Schalldämpfer Schnee

1 Welche Erklärung beschreibt einen Schalldämpfer? Kreuze an.
Tipp: Du kannst auch in einem Lexikon nachschlagen.

☐ etwas, womit man Schnee schippen kann

☐ etwas, das laute Geräusche leiser macht

2 Lies die Überschrift. Worum könnte es gehen? Schreibe auf.

3 Lies den Text.

Wenn es geschneit hat, ist alles sehr ruhig. Warum ist das so?

Ein Grund für die Ruhe ist der Schnee. Eine Schneeflocke ist aus vielen

Eiskristallen zusammengesetzt. Zwischen den einzelnen Eiskristallen

ist Luft. Je mehr Luft zwischen den Eiskristallen ist, umso lockerer ist

5 der Schnee. Das kannst du ganz leicht testen. Nimm etwas

Pulverschnee und forme ihn zu einem Schneeball. Wenn du den Schnee

zusammendrückst, merkst du, wie klein der Schneeball wird.

Du hast beim Schneeballformen die Luft rausgepresst. Die Luft zwischen

den Eiskristallen wirkt wie ein Schalldämpfer. Deshalb ist es im Winter

10 stiller als in den anderen Jahreszeiten.

Zu Jo-Jo-Lesebuch Bayern, Seite 73:
einen Begriff klären; Vermutungen zu einer Überschrift anstellen; genau lesen

4 Suche die Antworten auf die **W-Fragen** im Text.
Schreibe die Antworten auf.

Woraus besteht eine Schneeflocke?

Was ist zwischen den Eiskristallen?

Wie wirkt die Luft zwischen den Eiskristallen?

5 Welche Gründe gibt es noch dafür, dass es im Winter draußen
so ruhig ist? Kreuze die vier richtigen Gründe an.

☐ Manche Tiere hört man nicht, denn sie halten Winterschlaf.

☐ Die Zugvögel sind nicht mehr zu hören, weil sie
in den Süden gezogen sind.

☐ Es ist gibt weniger Straßenlärm, denn auf der Straße
liegt mehr Laub.

☐ Die Standvögel zwitschern im Winter weniger als im Frühling.

☐ Es sind weniger Autos zu hören, denn die Ampeln
stehen öfter auf Rot.

☐ Manche Tiere hört man weniger, denn sie halten Winterruhe.

Lies im **Jo-Jo-Lesebuch** die Seite 73 unten.

Kunterbunte Weihnachtswünsche

(1) Lies mehrmals von oben nach unten.

Der Pinguin wünscht sich was:

glitzernden Schnee
glitzernden Schnee zum
glitzernden Schnee zum Weihnachtsfest

ein feierlich
ein feierlich geschmücktes
ein feierlich geschmücktes Nest

wo Eiszapfen
wo Eiszapfen funkeln
wo Eiszapfen funkeln im
wo Eiszapfen funkeln im Kerzenschein

(2) Schreibe die Zeilen passend in die Linien.
Tipp: Achte auf das Reimwort am Ende.

davon träumt der Regenwurm.

„und ein Trampolin dazu."

will die dauernd müde Ziege,

„Ich wünsche mir ein Springseil!", sagt die Kuh,

Zum Erholen eine Liege

einmal auf den Eiffelturm,

Eva Karnetzky

3 Ergänze die Silben.
Schreibe die ganzen Wörter noch einmal daneben.

| gen | po | ~~zen~~ | zapf | heits | zen | nachts |

War **zen** schwein   **Warzenschwein**

Re _____ wurm

Tram _____ lin

Schön _____ könig

Eis _____ en

Weih _____ fest

Ker _____ schein

4 Lies die Wörter und schwinge die Silben. Zähle sie.

glitzernden 3   eigentlich   feierlich   funkeln

geschmücktes   schließlich   dauernd   zusammen

5 Lies und verbinde passend.

ein großes Eis   den Eiffelturm steigen

glitzernden Schnee   zum Weihnachtsfest genießen

einmal auf   am Stil essen

ein feierlich   Eiszapfen funkeln sehen

im Kerzenschein   geschmücktes Nest haben

Lies im **Jo-Jo-Lesebuch** die Seite 75.

Zu Jo-Jo-Lesebuch Bayern, Seite 75:
Silben in Wörtern ergänzen; Wörter schreiben; Silben schwingen und zählen;
Wortgruppen passend verbinden

Das bin ich

Luise

(1) Lies den Text mehrmals.

Um vier Uhr ist die Freundin von Mama gekommen und
hat ihr kleines Mädchen mitgebracht. Luischen und ich,
wir sind auf mein Zimmer gegangen, und ich hab nicht gewusst,
was ich mit ihr sprechen soll. Luischen hat zuerst was gesagt:
5 „Du siehst aus wie ein Affe."
Das hat mir gar nicht gefallen, und ich habe gesagt:
„Und du, du bist nur ein Mädchen",
und da hat sie mir eine Ohrfeige gegeben.
Und da hab ich Luischen am Zopf gezogen,
10 und sie hat mich gegen das Schienbein getreten.
Und dann hat Luischen mein Flugzeug entdeckt.
„Lass das liegen", hab ich gesagt, „das ist nichts für Mädchen!"
Und ich hab versucht, ihr das Flugzeug wieder abzunehmen.
„Ich bin eingeladen", hat sie gesagt. „Ich darf mit deinen
15 Sachen spielen, mit allen – wenn du mich nicht spielen lässt,
dann rufe ich meine Mama!" ◇

Text: René Goscinny / Bild: Jean-Jacques Sempé

(2) Was bedeuten diese Wörter? Kreuze an.

Ohrfeige

☐ Schlag auf den Po   ☐ Schlag in das Gesicht

Schienbein

☐ Knochen unten im Bein   ☐ Knochen in der Hand

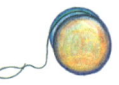 Erzähle einem Partnerkind, was du in Aufgabe 1 gelesen hast.

Zu Jo-Jo-Lesebuch Bayern, Seite 89–91:
einen Text lesen, verstehen und wiedergeben; die richtige Bedeutung von Begriffen
ankreuzen

3 Unterstreiche die Antworten zu den Fragen im Text auf Seite 32.
Schreibe dann die Antworten mit eigenen Worten auf.

1. **Wer** ist zu Besuch gekommen?

2. **Was** hat Nick gemacht, als er die Ohrfeige bekommen hat?

3. **Was** hat Luischen entdeckt?

4. **Wen** will Luischen rufen,
   wenn sie nicht mit dem Flugzeug spielen darf?

4 Was denkt Nick wohl über Luischen?
Schreibe in die Denkblase.

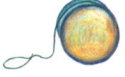 Lies im **Jo-Jo-Lesebuch** die Seiten 89 bis 91.

Zu Jo-Jo-Lesebuch Bayern, Seite 89–91:
W-Fragen zu einem erzählenden Text beantworten, sich in eine Figur hineinversetzen
und Aussagen zur Innensicht formulieren

33

Rico und Oskar

1 Lies den Text genau.

Ich heiße Rico. Ich bin ein tiefbegabtes Kind. Ich kann zwar viel denken,
brauche aber länger als andere dafür.
Am Samstag ging ich zum Spielplatz. Auf dem Boden
sah ich ein zerknülltes Papier und ein paar Scherben liegen.

5 Dann sah ich zwei Füße mit hellen Strümpfen in Sandalen.
Vor mir stand ein Junge. Er reichte mir gerade so bis an die Brust.
Er hatte einen dunkelblauen Sturzhelm auf. Der Sturzhelm war
ein richtiger Motorradhelm.
„Was machst du da?", sagte der Junge. Seine Zähne waren riesig.

10 „Ich suche was."
„Wenn du mir sagst, was, kann ich dir helfen."
„Eine Nudel."
Der Junge guckte sich ein bisschen auf dem Gehsteig um.
„Was für eine Nudel ist es denn?", sagte er.

15 „Auf jeden Fall eine Fundnudel. Genau kann man das erst sagen,
wenn man sie gefunden hat, sonst wäre es ja keine Fundnudel.
Ist doch wohl logisch, oder?"
„Kann es sein, dass du ein bisschen doof bist?"
„Ich bin ein tiefbegabtes Kind."

20 „Tatsache?" Jetzt sah er wirklich interessiert aus. „Ich bin hochbegabt."
Nun war ich auch interessiert. Wir guckten uns sehr lange an.
Er streckte eine Hand aus. Sie war so klein, dass sie doppelt
in meine passte.
„Ich heiße Oskar", sagte er.

25 „Ich heiße Rico", sagte ich. ◇

Andreas Steinhöfel

2 Wie oft findest du diese Wörter im Text auf Seite 34?
Markiere sie mit unterschiedlichen Farben und zähle.

ein ☐   sagte ☐   mir ☐   war ☐

3 Unterstreiche die Beschreibungen von Oskar im Text auf Seite 34.

4 Wer ist Oskar? Kreuze das richtige Bild an.

☐   ☐   ☐   ☐   ☐   ☐

5 Lies den Text auf Seite 34 mehrmals laut.
Danach kannst du ihn auch jemandem vorlesen.

So lange habe ich zum Lesen gebraucht:

1. Tag	2. Tag	3. Tag	4. Tag	5. Tag

Datum: _____   zugehört hat: _____

So gut kann ich nun lesen: ☐ 🟢 ☐ 🟠 ☐ 🔴

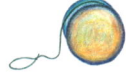 Lies im **Jo-Jo-Lesebuch** die Seiten 94 und 95.

Zu Jo-Jo-Lesebuch Bayern, Seite 94/95:
Sichtwortschatz: Funktionswörter erkennen und markieren; Informationen im Text auf-
finden; Text-Bild-Abgleich; wiederholtes Lesen, Selbsteinschätzung

35

Freizeit

Was macht ihr in eurer Freizeit?

(1) Lies und schau dir die Abbildung genau an.

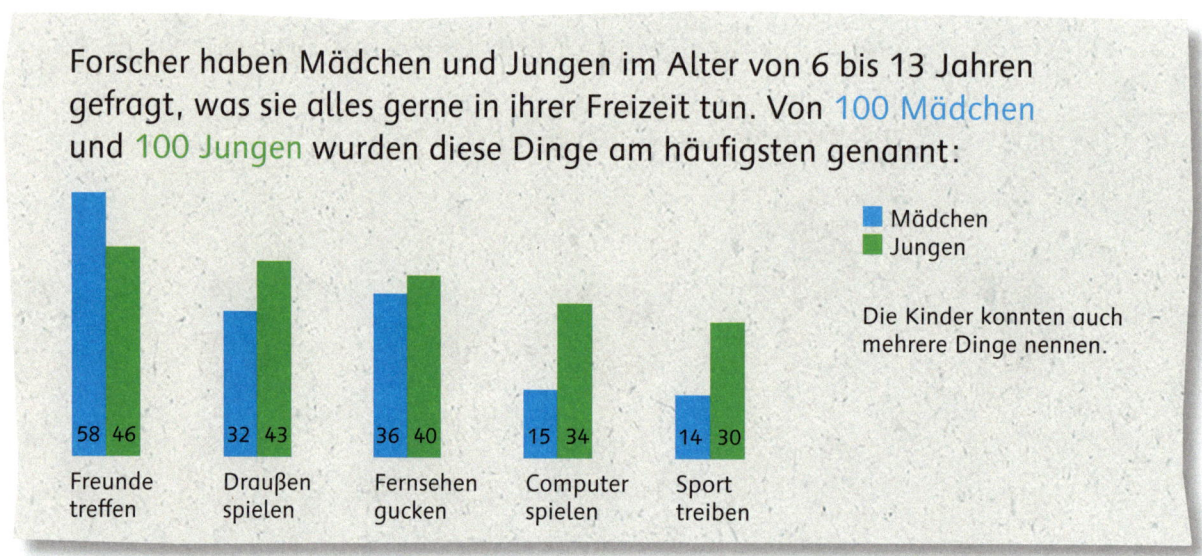

Forscher haben Mädchen und Jungen im Alter von 6 bis 13 Jahren gefragt, was sie alles gerne in ihrer Freizeit tun. Von 100 Mädchen und 100 Jungen wurden diese Dinge am häufigsten genannt:

■ Mädchen
■ Jungen

Die Kinder konnten auch mehrere Dinge nennen.

Freunde treffen	Draußen spielen	Fernsehen gucken	Computer spielen	Sport treiben
58 46	32 43	36 40	15 34	14 30

(2) Stimmt es oder stimmt es nicht? Die Abbildung gibt die Antwort.
Lies die Sätze und kreuze an.

Mädchen treffen lieber Freunde als Jungen. ☐ ja ☐ nein

Jungen spielen lieber draußen als Mädchen. ☐ ja ☐ nein

Jungen und Mädchen treiben gleich gern Sport. ☐ ja ☐ nein

Mädchen spielen nicht so gern am Computer. ☐ ja ☐ nein

Mädchen gucken lieber Fernsehen als Jungen. ☐ ja ☐ nein

Mädchen treffen am liebsten ihre Freunde. ☐ ja ☐ nein

(3) Welche Hobbys gibt es? Kreise ein. Tipp: Es sind insgesamt fünf Hobbys.

Bücher legen • Bücher lesen • Gitarre spielen • Fußball fangen

Nase putzen • Inliner kaufen • im Klo singen • schwimmen gehen

am Computer spielen • im Chor singen • auf einem Bein stehen

Zu Jo-Jo-Lesebuch Bayern, Seite 98:
einem Balkendiagramm Informationen entnehmen; Stichwörter lesen und
richtige einkreisen

Kurz der Kicker

(1) Lies den Text genau.

Früher, als er noch ein kleiner Junge war, stand Kurz
immer nur herum und wenn einer was fragte, sagte er nur:

Is mir doch egal!

Sein Vater meldete Kurz im Fußballverein an.
Stürmer sollte er werden. Und als man ihn fragte, sagte er nur:

Is mir doch egal!

Kurz konnte gut Abschläge machen.
Doch damit konnte man kein Spiel gewinnen.

Is mir doch egal!

Da spielte niemand mehr mit ihm. Kurz dachte nach
und lernte, wie man ein Fußballspiel gewinnt.

Elfmeter! Es ist die letzte Minute vor dem Spiel!
Kurz läuft an. Noch 3 Meter.

Ich schieße unter die Latte, wie geübt.

Der Torwart trippelt mit den Beinen.
2 Meter! Kurz holt aus und s c h i e ß t … ◇

nach Martin Baltscheit / Bild: Ulf K.

(2) Wer spricht? Unterstreiche die Sätze von Sportreporter, Erzählerin, Kurz
mit den unterschiedlichen Farben.

(3) Lies den Text so, dass man die unterschiedlichen Personen erkennt.
Tipp: Überlege zuerst, wie die Personen sprechen könnten:
gelangweilt, schnell, aufgeregt, langsam, entschlossen, erzählend …

 Lies im **Jo-Jo-Lesebuch** die Seiten 100 und 101.

Zu Jo-Jo-Lesebuch Bayern, Seite 100/101:
einen Text wiederholt lesen; Textabschnitte verschiedenen Sprechern zuordnen und
unterstreichen; betont vorlesen

37

Im Film ist vieles anders

(1) Lies die Sätze, die das Buch beschreiben, und lies die Sätze, die den Kinofilm beschreiben. Verbinde, was zusammenpasst.

Wie lange man für das Lesen des Buches braucht, ist unterschiedlich.	Einen Kinofilm schaut man sich zusammen mit vielen anderen Zuschauern an.
Personen und Orte in der Geschichte muss man sich selber vorstellen.	Wie lange es dauert, den Film anzuschauen, ist vorgegeben.
Ein Buch kann man alleine an einem gemütlichen Ort lesen.	Im Film wird gezeigt, wie alles aussieht.
Ein Buch kann man fast überall lesen.	Manchmal werden Teile aus der Geschichte weggelassen, weil sonst der Film zu lange dauert.
Im Buch kann man hin und her blättern und sich Bilder oder Texte immer wieder anschauen oder lesen.	Im Film sind die Abläufe der Geschichte zeitlich vorgegeben.
Ein Buch kann auch ganz dick sein, man kann darin lesen, so lange, wie man will.	Um einen Kinofilm zu schauen, muss man ins Kino gehen.

Zu Jo-Jo-Lesebuch Bayern, Seite 102/103:
Medien vergleichen, Aussagen passend zuordnen

(2) Lies die Wörter und zeichne die Silbenbögen ein.

Dreh   Pop

Drehbuch   Popcorn

Drehbuchfas   Popcorntü

Drehbuchfassung   Popcorntüte

(3) Setze die Silben richtig zusammen und schreibe die Wörter auf.

gen   tag   Sams   mor   schen   bier   Ta

_____   _____

er   schau   Zu   schirm   gen   struk   Re   kon   teur

_____   _____

werks   trieb   Hand   be   bau   nung   Neu   woh

_____   _____

(4) Kreise die Wörter aus Aufgabe 2 und 3 im Kasten ein.
Markiere die Wörter, die doppelt vorkommen.

Storyboard	Taschenbier	Filmszene	Popcorntüte
Szene Filmszene	Schneidetisch	Neubauwohnung	Kamera
Schauspieler	Regenschirmkonstrukteur	Film Dialog	Regisseur
Drehbuchfassung	Szene Handwerksbetrieb		Samstagmorgen
Kamera	Zuschauer	Schneidetisch	Taschenbier

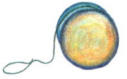 Lies im **Jo-Jo-Lesebuch** die Seiten 102 und 103.

Zu Jo-Jo-Lesebuch Bayern, Seite 102/103:
schwierige Wörter aufbauend erlesen und Silbenbögen einzeichnen;
Silben richtig zusammensetzen; Wörter wiederfinden und einkreisen

39

Natur entdecken: Tiere

Kleiner Fuchs

1 Lies die Überschrift und betrachte die Bilder.

2 Vermute, worum es geht. Kreuze alle richtigen Antworten an.

☐ Es geht um eine Geschichte von einem Fuchs.

☐ Es geht darum, wie ein Schmetterling entsteht.

☐ Es geht um einen Indianerjungen.

☐ Es geht um einen Schmetterling, der Kleiner Fuchs heißt.

☐ Es geht um Wiesenblumen.

3 Lies nun den Text zu den Bildern.

An einem Zweig hängt eine merkwürdige Frucht.
Geheimnisvoll, wie hinter verschlossenen Türen,
arbeitet es in dieser Hülle.
Der Schmetterling entsteht. Er lebt.
Spürt das Sonnenlicht hinter den dünnen Wänden.
Langsam, Ruck für Ruck, schlüpft der Schmetterling heraus.
Steht auf dünnen Beinchen. Alles ist ungewohnt.
Er hebt die Flügel. Der Kleine Fuchs fliegt. ◈

Lisa-Marie Blum

4 Kreuze an.
Meine Vermutungen waren ☐ richtig. ☐ falsch.

Zu Jo-Jo-Lesebuch Bayern, Seite 111:
zu Überschrift und Bildern Vermutungen anstellen;
Vermutungen überprüfen

5 Schreibe zu jedem Bild einen passenden Satz.

6 So kann man Sätze schlecht lesen. Zeichne Striche | ein
und lies die Sätze mehrmals.

AneinemZweighängteinemerkwürdigeFrucht.

SpürtdasSonnelichthinterdendünnenWänden.

LangsamRuckfürRuckschlüpftderSchmetterlingheraus. ◈

7 Was ist gemeint? Erkläre mit deinen eigenen Worten. Schreibe auf.

eine merkwürdige Frucht:

arbeitet es in dieser Hülle:

Zu Jo-Jo-Lesebuch Bayern, Seite 111:
passende Sätze zu Bildern schreiben; Wortgrenzen erkennen und einzeichnen; inhaltliche
Aussagen mit eigenen Worten erklären

41

Der Mauersegler

(1) Lies den Text mehrmals.

Mauersegler sind flinke Vögel. Sie sausen wie Düsenjäger
durch die Luft. Bis zu einhundertzwanzig Kilometer pro Stunde
können sie schnell fliegen. Den Winter verbringen sie
in Afrika. Mauersegler fliegen immer. Mauersegler schlafen
in der Luft. Sie jagen Mücken und trinken Wasser im Flug.
Nur für die Jungen unterbrechen sie kurz ihren Flug und
kriechen ins Nest unter dem Dach, um ihnen etwas zu
Fressen zu bringen. Doch dann sind sie schon wieder
in der Luft. ◇

nach Bibi Dumon Tak

(2) Beantworte die **W-Fragen**.

Was sind Mauersegler?

Wie schnell können Mauersegler fliegen?

Wo verbringen Mauersegler den Winter?

Was fressen Mauersegler?

Wo schlafen Mauersegler?

Wann unterbrechen sie ihren Flug?

Lies im **Jo-Jo-Lesebuch** die Seite 113.

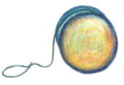

Zu Jo-Jo-Lesebuch Bayern, Seite 113:
einen Sachtext wiederholt lesen und verstehen; W-Fragen zum Text beantworten

Da stimmt doch was nicht

1 Welche Antwort passt zu welcher Frage?
Male in der gleichen Farbe aus, was zusammengehört.

Warum sind Wale keine Fische?

Weil sie sich gerne frisieren.

Warum halten Bären Winterruhe?

Weil sie so gerne Campingurlaub machen.

Warum haben Schafe lockiges Fell?

Warum haben Schnecken ein Haus?

Weil sie in kein Aquarium passen.

Weil ihnen keine Winterjacke passt.

2 Ein Text hat kein Bild. Male ein passendes Bild.

3 Denke dir selbst eine Antwort aus:
Warum verfliegen sich Zugvögel nicht, wenn sie in den Süden fliegen?

Zu Jo-Jo-Lesebuch Bayern, Seite 117:
Antworten den passenden Fragen zuordnen; ein passendes Bild malen;
zu einer Warum-Frage selbst eine Erklärung ausdenken

43

Frühling

Hatschi!

(1) Was weißt du über **Heuschnupfen**? Schreibe auf.

(2) Lies genau.

Kennst du das? Im Frühling läuft deine Nase,
du musst oft niesen und deine Augen jucken.
Dann hast du keinen Schnupfen,
sondern Heuschnupfen.
5 Das ist keine Erkältung, sondern eine Allergie.
Manche Menschen haben sie ein ganzes Leben lang.
Es bedeutet, dass der Körper sehr empfindlich
auf etwas reagiert, zum Beispiel auf Pollen von
blühenden Gräsern oder Bäumen.
10 Einige Menschen haben Probleme,
wenn die Bauern Gras mähen und daraus Heu machen.
Daher kommt der Name dieser Allergie. ◇

nach Anne Hilgendorff

(3) Worum geht es in dem Text?
Unterstreiche die beiden wichtigsten Wörter (Schlüsselwörter).

(4) Wie heißt es? Lies genau und kreuze immer das richtige Wort an.

☐	Allregie	☐	Blemun	☐	Greäsr	☐	Meschnen
☐	Allergie	☐	Blumne	☐	Gresär	☐	Menschen
☐	Allgirie	☐	Blumen	☐	Gräser	☐	Menschne

Zu Jo-Jo-Lesebuch Bayern, Seite 121:
Vorwissen aktivieren; Text genau lesen und Schlüsselwörter markieren;
Wörter genau lesen und richtige Schreibweise ankreuzen

5 Kreuze alle Wörter an, die im Text auf Seite 44 vorkommen.
Tipp: Es sind sechs Wörter. Markiere sie im Text.

☐	Augen	☐	Ohren	☐	Uhren	☐	erkältet
☐	Heu	☐	Gras	☐	Pollen	☐	Traktor
☐	Allergie	☐	Stroh	☐	Winter	☐	Frühling

6 Beantworte die **W-Fragen**.

1. **Was** passiert, wenn man Heuschnupfen hat?

2. **Was** bedeutet das Wort „Allergie"?

3. **Warum** nennt man es „Heuschnupfen"?

7 So kann man die Sätze schlecht lesen.
Zeichne Striche ein und lies die Sätze mehrmals.

JanalläuftimmerdieNase,wennesFrühlingist.

Wennsiedraußenspielt,tränenihreAugenundjucken.

DieÄrztinstelltfest,dassJanaHeuschnupfenhat.

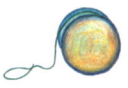 Lies im **Jo-Jo-Lesebuch** die Seite 121.

Zu Jo-Jo-Lesebuch Bayern, Seite 121:
genau lesen und Wörter im Text finden; W-Fragen beantworten; Wortgrenzen in Sätzen
einzeichnen

45

Ein Säckchen zum Verschenken

(1) Die Bilder zeigen, wie man ein Säckchen näht.
Nummeriere die Sätze dazu passend. Notiere das Lösungswort.

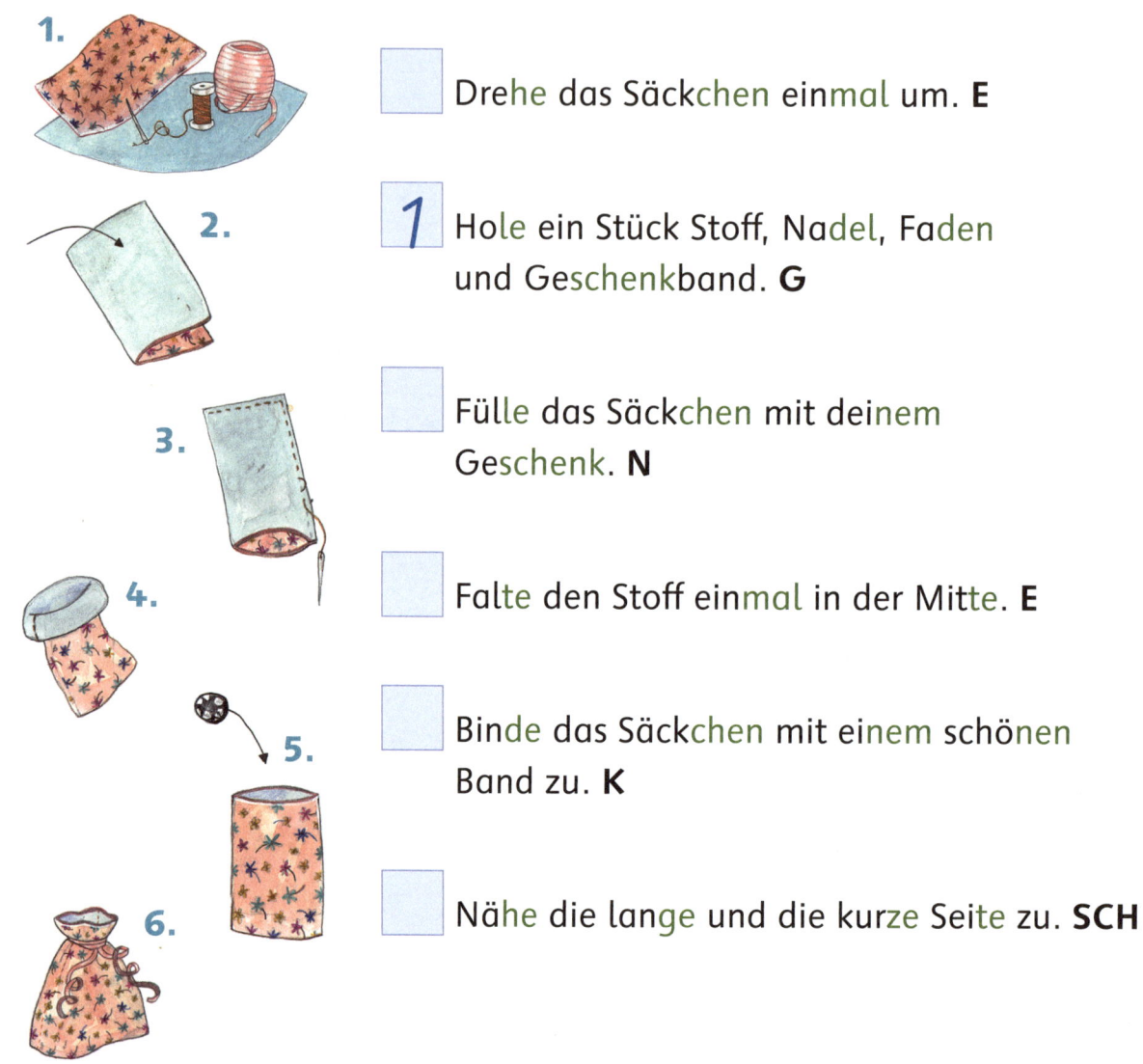

Drehe das Säckchen einmal um. **E**

1 Hole ein Stück Stoff, Nadel, Faden und Geschenkband. **G**

Fülle das Säckchen mit deinem Geschenk. **N**

Falte den Stoff einmal in der Mitte. **E**

Binde das Säckchen mit einem schönen Band zu. **K**

Nähe die lange und die kurze Seite zu. **SCH**

Lösungswort: ___ ___ _____ ___ ___ ___
                     1   2   3   4   5   6

(2) Ergänze.

viele   Gesch____nk____

ein   sch____ner   St____n

ein   St____ck   D____fts____fe

ein   G____d____cht

u

e

ö

e

ei

i

e

ü

ei

Zu Jo-Jo-Lesebuch Bayern, Seite 127:
Sätze den Bildern einer Anleitung zuordnen, Lösungswort notieren;
Vokale einfügen

3 Male die passenden Teile in derselben Farbe an.

Stoff	blätter
Geschenk	teile
Blüten	nadel
Duft	band
Näh	seife

4 Füge die Wörter in die Sätze ein.
Markiere dazu die Stelle immer mit einem Strich.

- Du brauchst ein|Stück Stoff, Nadel, Faden   schönes

  und eine Schleife.

- Falte Stoff einmal in der Mitte.   den

- Nähe die Seiten zu.   offenen

- Stülpe das Säckchen einmal um.   kleine

- Die sind jetzt innen.   Nähte

- Lege ein Geschenk hinein.   kleines

- Binde das Säckchen mit einer Schleife zu.   bunten

5 Lies die Sätze aus Aufgabe 4 mehrmals laut.

Datum: _____   zugehört hat: _____

So gut kann ich die Sätze nun lesen: ☐ 🟢 ☐ 🟠 ☐ 🔴

Was kannst du noch
als Geschenk
in das Säckchen legen?
Male es.

Zu Jo-Jo-Lesebuch Bayern, Seite 127:
zusammengesetzte Nomen finden; Wörter in Sätze einfügen;
wiederholtes Lesen, Selbsteinschätzung

47

Wie wir leben

Meine ganze Familie

(1) Verbinde passend, was Yunus von sich erzählt.

Der Name Yunus   Stiefvater haben.

Mein Lieblingstier   sage ich Omi.

Zur Mutter von meiner Mama   ist auch ein Delfin.

Meine Omi wohnt   heißt auf Deutsch Delfin.

Ich möchte gern einen netten   Falafel und Spaghetti.

Ich esse am liebsten   weit weg in Italien. ◈

nach Anja Tuckermann

(2) Lies genau. Kreuze die richtigen Sätze an.

☐ Yunus heißt auf Deutsch Kamel.
☐ Yunus heißt auf Deutsch Delfin.
☐ Yunus beißt auf Deutsch einen Delfin.

☐ Sein Lieblingstier ist auch ein Kamel.
☐ Sein Lieblingstier ist auch ein Delfin.
☐ Sein Lieblingsfach ist auch Deutsch.

☐ Yunus wohnt weit weg in Italien.
☐ Sein Opa wohnt weit weg in Indien.
☐ Eine Oma wohnt weit weg in Italien.

☐ Yunus hat einen netten Stiefvater.
☐ Yunus hätte gern einen netten Stiefvater.
☐ Yunus hätte gern eine nette Stiefmutter.

Zu Jo-Jo-Lesebuch Bayern, Seite 130:
Satzhälften verbinden; Sätze genau lesen, Zutreffendes ankreuzen

3 Betrachte das Bild genau. Besprich es mit einem Partnerkind.

4 Kreuze die richtigen Sätze zum Bild an.

☐ Mamas Stiefmutter wird Nonno genannt.

☐ Yunus nennt Mamas Mutter Omi.

☐ Mamas Freund heißt Lewis.

☐ Yunus kennt seinen Opa aus Istanbul nicht.

☐ Papas Mutter heißt Nine.

☐ Von Mamas Papa weiß Yunus nichts.

5 Male und schreibe wie oben auf, wer zu deiner Familie gehört.

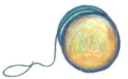 Lies im **Jo-Jo-Lesebuch** die Seite 130 mehrmals laut.

Zu Jo-Jo-Lesebuch Bayern, Seite 130:
einer beschrifteten Zeichnung Informationen entnehmen;
passende Sätze dazu ankreuzen; eine analoge Skizze anfertigen

49

Alle haben eins!

1 Lies das Gespräch zunächst mehrmals allein.

Alexander kommt von der Schule nach Hause.

Alexander: Mama, ich brauche ein Handy.

Mutter: Hallo! Schön, dass du da bist.

Alexander: Ich brauche ein Handy.

Mutter: Wozu brauchst du ein Handy?

Alexander: Alle meine Freunde haben eins.

Mutter: Alle? Das glaube ich nicht.

Alexander: Doch!

Mutter: Erst vor ein paar Tagen hat Samuels Mutter zu mir gesagt, sie sei dagegen, dass ihr schon ein Handy habt. Die rufe ich sofort an.

Alexander: Äh … der … der Samuel hat noch keins. Aber er will auch eins.

Mutter: Aha, er will eins, genau wie du. Brauchen tut ihr nämlich beide kein Handy, genauso wenig wie andere Kinder in eurem Alter.

Alexander: Doch! Die anderen lachen mich schon aus, weil ich keins habe.

Mutter: Dann sind sie dumm.

Alexander: Sind sie nicht! ◈

nach Manfred Mai

2 Markiere diese Wörter mit verschiedenen Farben im Text. Zähle, wie oft du sie gefunden hast.

Handy: ☐   eins: ☐   keins: ☐   brauche: ☐

Zu Jo-Jo-Lesebuch Bayern, Seite 133:
Dialog mehrfach allein lesen üben;
Sichtwortschatz: häufige Wörter finden und markieren

3 Lies die Sätze.

| Handys braucht man, um sich zu verabreden. |

| Verabreden kann man sich in der Schule. |

| Handys lenken nur ab. | | Kinder brauchen kein Handy. |

| Wenn ich kein Handy habe, werde ich ausgelacht. |

| Ich kann Fotos für ein Referat machen. |

| Ich kann zu Hause anrufen, wenn der Bus zu spät kommt. |

4 Male grün aus, was Alexander gesagt haben könnte.
Male blau aus, was die Mutter gesagt haben könnte.

5 Suche dir ein Partnerkind.
Lest den Text auf Seite 50 mit verteilten Rollen.

Ich habe die Rolle von _____ gelesen.

So gut kann ich meine Rolle nun lesen: 🟢 🟠 🔴

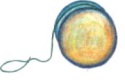
Spielt die Szene von Seite 50. Wie könnte es weitergehen?

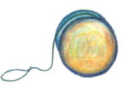
Lies im **Jo-Jo-Lesebuch** die Seite 133.

Zeiten und Räume

Zwei Deutschlands

(1) Lies den Text.

Früher gab es **zwei Deutschlands**, und wer in Leipzig wohnte
und eine Oma in München hatte, durfte sie nicht besuchen.
In Berlin gab es sogar eine hohe und streng bewachte Mauer,
damit niemand vom Osten der Stadt in den Westen kam,
wenn er nicht eine Erlaubnis hatte. ◇

Hanna Schott

> Die beiden Länder hießen Bundesrepublik Deutschland
> und Deutsche Demokratische Republik (**DDR**).

(2) Ergänze die Namen der Bundesländer. Die Karte hilft dir.

Länder in Westdeutschland:

Schl_e_swig-H___lstein,

H___mburg, Br___men,

Nieders___chsen,

N___rdrhein-Westf___len,

Rheinl___nd-Pf___lz,

H___ssen, B___yern,

B___den-W___rttemberg,

Saarl___nd, B___rlin

Länder in Ostdeutschland (DDR):

Mecklenb___rg-Vorp___mmern, Br___ndenburg,

S___chsen-Anh___lt, Berl___n, Th___ringen, Sachs___n

Zu Jo-Jo-Lesebuch Bayern, Seite 145:
einen Sachtext mit Hilfe einer Karte besser verstehen; einem diskontinuierlichen Text
Informationen entnehmen; Ländernamen ergänzen

(3) Lies den Text mehrmals genau.

Immer mehr Menschen wollten die DDR verlassen und stellten einen Ausreiseantrag. Schließlich nahmen im Sommer 1989 ganz viele Leute all ihren Mut zusammen und demonstrierten. In Leipzig waren es besonders viele. Sie demonstrierten so lange, bis eines Abends ein Politiker, der Schabowski hieß, zu stottern anfing, als er von einem Journalisten gefragt wurde, wann denn endlich alle in den Westen reisen dürften. „Nach meiner Kenntnis … ist das sofort … unverzüglich", sagte er schließlich, und da machten sich die Ersten schon auf den Weg zur Grenze. ◇

Hanna Schott

(4) Was bedeuten diese Wörter? Kreuze an.

Ausreiseantrag

☐ Antrag dafür, ein Land zu verlassen

☐ Antrag dafür, einen Ausweis zu bekommen

Journalist

☐ jemand, der Häuser baut

☐ jemand, der Berichte für Zeitungen und Fernsehen schreibt

demonstrieren

☐ jemandem alles Gute wünschen

☐ auf der Straße mit anderen zeigen, für oder gegen was man ist

(5) Kreuze die richtigen Antworten zu den **W-Fragen** an.
Markiere die Antworten im Text oben.

Wo demonstrierten besonders viele Leute?

☐ in Leipzig ☐ in Berlin ☐ in München

Wann demonstrierten ganz viele Menschen?

☐ im Winter 1969 ☐ im Herbst 1989 ☐ im Sommer 1989

Das magische Baumhaus

(1) Lies den Text.

"Hierher!", rief Anne. Sie stand unter einer großen Eiche.
"Schau mal!", sagte sie und deutete auf eine Strickleiter.
Die Leiter führte bis ganz hoch in die Baumkrone. Und dort,
zwischen den Zweigen, war ein Baumhaus.

5 "Das ist bestimmt das höchste Baumhaus der Welt!",
meinte Anne. "Ich klettere mal hoch." Philipp seufzte.
"Anne, es ist schon fast dunkel. Wir müssen nach Hause!"
Anne war mittlerweile in dem Baumhaus verschwunden.
"Bücher!", rief Anne.

10 "Was?"
"Es ist voller Bücher!"
Philipp krabbelte durch das Loch im Boden des Baumhauses.   ◇
Mary Pope Osborne

(2) Markiere im Text oben diese Ausschnitte.

| **2** auf eine Strickleiter | mittlerweile | das höchste Baumhaus der Welt |

| Wir müssen nach Hause! | Philipp krabbelte |

| voller Bücher | Philipp seufzte. | die Baumkrone |

| das Loch im Boden |

| unter einer großen Eiche |

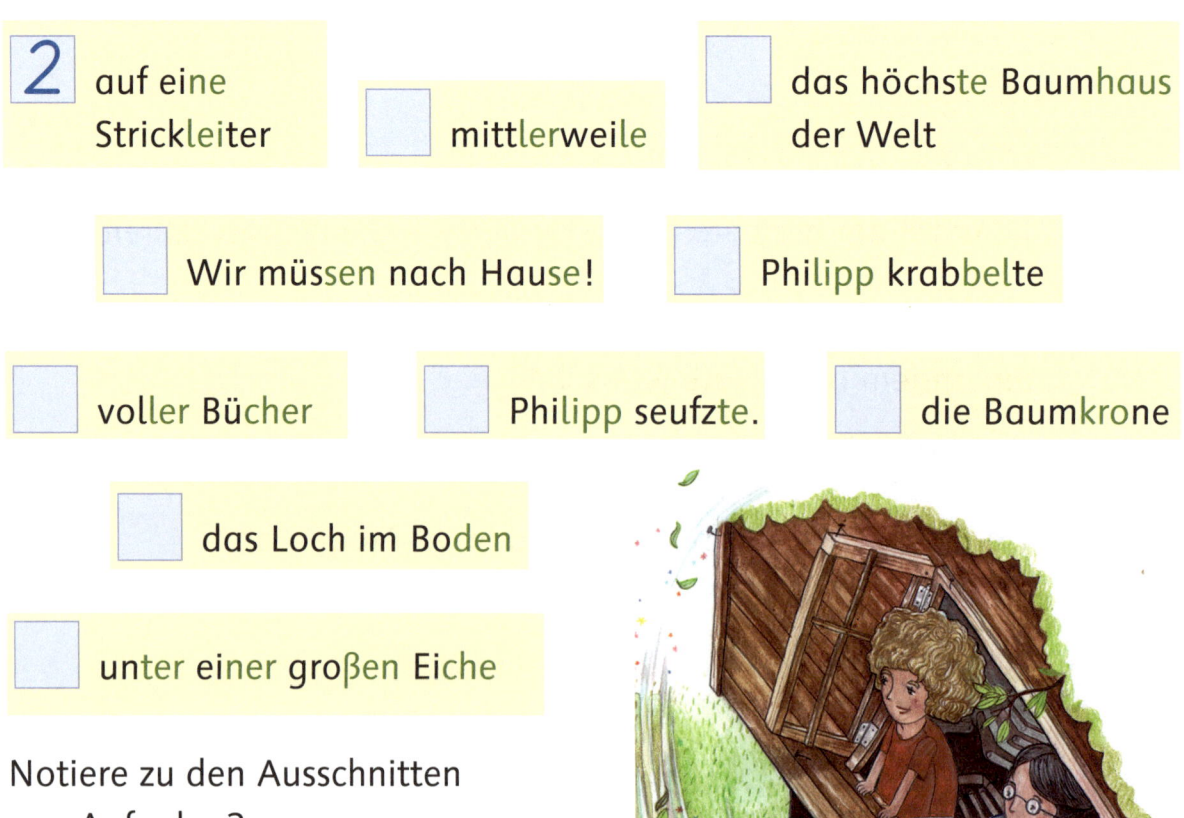

(3) Notiere zu den Ausschnitten
von Aufgabe 2
die Zeilennummer des Textes.

Zu Jo-Jo-Lesebuch Bayern, Seite 146–148:
einen Text lesen; Wortgruppen im Text finden; Zeilenzahlen notieren

4 Welche Satzhälften gehören zusammen? Verbinde.
Tipp: Nimm verschiedene Farben für die Sätze.

„Schau, hier ist   über Dinosaurier hoch.

Anne hielt ein Buch   ein Buch für dich!"

Philipp nahm Anne   das Buch aus der Hand.

Da war das Bild   fledermausartige Flügel.

Das Pteranodon hatte   eines fliegenden Reptils.

Es segelte direkt   sich zu drehen.

Das Baumhaus begann,   alles still.

Dann war plötzlich   auf das Baumhaus zu.

„Wo sind wir?",   am Fuß der Eiche.

Das Pteranodon saß   stammelte Philipp.

Dieses fliegende Reptil   lebte in der Kreidezeit. ◈

Mary Pope Osborne

5 Lies die Sätze mehrmals. Lies sie immer flüssiger.
Danach kannst du sie auch jemandem vorlesen.

So lange habe ich zum Lesen gebraucht:

1. Tag	2. Tag	3. Tag	4. Tag	5. Tag

Datum: _____   zugehört hat: _____

So gut kann ich nun lesen: ⬜ 🟢 ⬜ 🟠 ⬜ 🔴

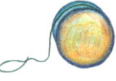 Lies im **Jo-Jo-Lesebuch** die Seiten 146 bis 148.

Sommer

Sonnenuhr

(1) Nummeriere die Abschnitte der Anleitung in der richtigen Reihenfolge. Die Bilder helfen dir dabei.

(2) Verbinde die Texte mit den passenden Bildern.

Fülle einen hellen Blumentopf mit Steinen, Sand oder Erde.

Der Stab wirft einen Schatten auf den Topfrand. Markiere die Stelle mit einem Strich und schreibe die Uhrzeit dazu.

Stecke einen langen Stab in die Mitte des Blumentopfes. Achte darauf, dass der Stab ganz gerade steht!

Stelle den Topf mit dem Stab in die Sonne.

Ziehe nach jeder Stunde einen neuen Strich und schreibe die Uhrzeit dazu. Jetzt kannst du, immer wenn die Sonne scheint, die Uhrzeit ablesen.

(3) Lies die Anleitung in der richtigen Reihenfolge mehrmals laut.

Probiere die Sonnenuhr im **Jo-Jo-Lesebuch** auf Seite 153 aus.

Zu Jo-Jo-Lesebuch Bayern, Seite 153:
Anleitung mit Hilfe von Bildern ordnen; wiederholtes Lesen

4 Welche Sätze stimmen? Kreuze an.

☐ Bei Sonne kann man die Uhrzeit von der Sonnenuhr ablesen.

☐ Im Sommer kann man **immer** die Uhrzeit
von der Sonnenuhr ablesen.

☐ Der Zeiger der Sonnenuhr wird mit Batterie angetrieben.

☐ Der Zeiger der Sonnenuhr ist der Schatten eines Stabes.

☐ Sonnenuhren zeigen Stunden, Minuten und Sekunden an.

☐ Sonnenuhren können auch im Winter die Zeit anzeigen.

5 Folge den Linien zuerst nur mit den Augen.
Ziehe sie dann mit verschiedenen Farben nach.
Ein Bild fehlt. Male es in den Rahmen.

Sonnenschirm

Sonnenöl

Sonnenschein

Sonnenhut

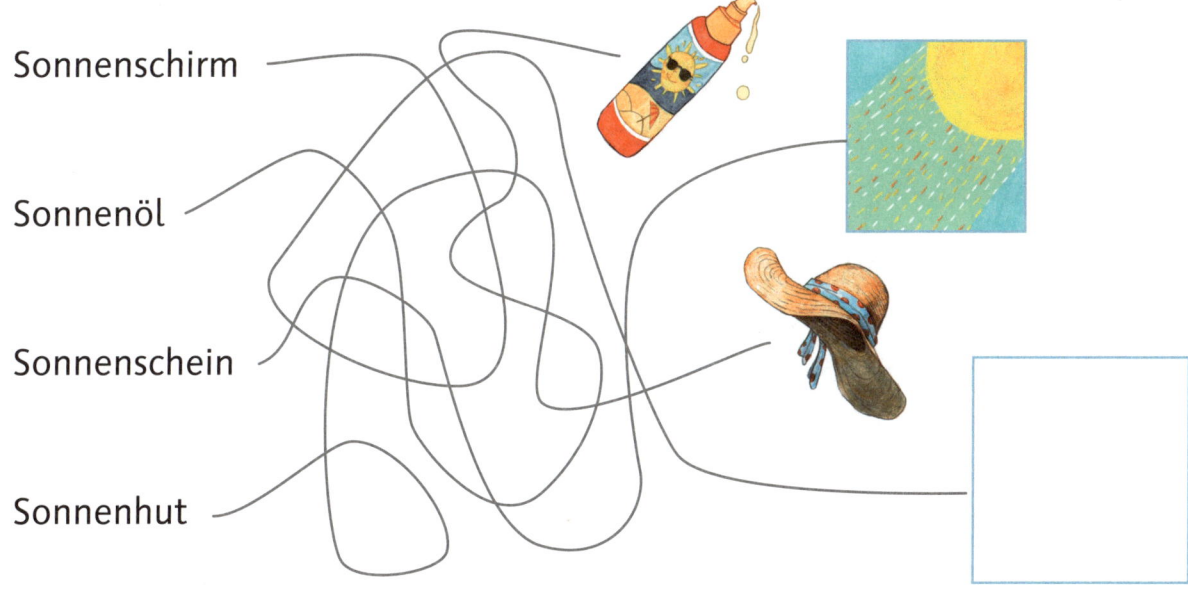

6 Welche Wörter mit Sonne gibt es nicht? Streiche sie durch.

Sonnenhut • Sonnenschein • Märzsonne • Sonnentag • Abendsonne

Sonnenuntergang • Sonnenöl • Sonnenschirm • Sonnenschiene

Sonnenlicht • Sonnenleiter • Sommersonne • Sonnenhaus • Sonnencreme

Sonnenbrand • Sonnenfinsternis • Sonnenblume • Scheinsonne

Zu Jo-Jo-Lesebuch Bayern, Seite 153:
richtige Aussagen ankreuzen; Blickschulung;
zusammengesetzte Nomen genau lesen und falsche Wörter streichen

57

Siebenschläfer

(1) Lies den Text genau.

An jedem 7. Juli ist der Siebenschläfertag. Eine Bauernregel sagt:
wie das Wetter an diesem Tag ist, so bleibt es sieben Wochen lang.
Doch woher kommt der Name „Siebenschläfer"?
Seinen Namen verdankt dieser Tag einer Legende:
Im Jahr 251 wurden sieben junge Christen verfolgt. Sie hatten
sich in einer Berghöhle versteckt. Die Christen wurden jedoch
entdeckt und während sie schliefen eingemauert. Sie wachten
erst nach fast 200 Jahren wieder auf – am Siebenschläfertag.

(2) Kreuze die fünf Bilder an, die zum Text passen.

(3) Setze die Bauernregeln richtig zusammen.
Male passende Kästchen mit der gleichen Farbe aus.
Tipp: Achte auf die Reimwörter.

Wie das Wetter am Siebenschläfer sich verhält,

Ist der Siebenschläfer nass,

gibt es sieben Wochen Wonne.

Der Siebenschläferregen,

der bringt dem Lande keinen Segen.

Scheint am Siebenschläfer Sonne,

regnet's ohne Unterlass.

ist es sieben Wochen lang bestellt.

Wie's Wetter am Siebenschläfertag,

so der Juli werden mag.

Zu Jo-Jo-Lesebuch Bayern, Seite 154:
einen Text genau lesen; zum Text passende Bilder ankreuzen;
Satzhälften passend zuordnen

4 Was bestimmt der Siebenschläfertag nach der Bauernregel?
Markiere das wichtige Wort (Schlüsselwort) im Text auf Seite 58
und ergänze den Satz.

So wie das _____ am Siebenschläfertag ist,
so bleibt es sieben Wochen lang.

5 Lies die Fragen von Aufgabe 6. Markiere die Antworten
in der entsprechenden Farbe im Text auf Seite 58.

6 Antworte mit eigenen Worten in ganzen Sätzen.
1. Wann ist der Siebenschläfertag?

2. Wem verdankt dieser Tag seinen Namen?

3. Wieso heißt der Tag Siebenschläfertag?

7 Lies den Text auf Seite 58 mehrmals laut.

So lange habe ich zum Lesen gebraucht:

1. Tag	2. Tag	3. Tag	4. Tag	5. Tag

Datum: _____ zugehört hat: _____

So gut kann ich nun lesen: 🟢 🟠 🔴

Zu Jo-Jo-Lesebuch Bayern, Seite 154:
Schlüsselwort im Text finden und Satz ergänzen; zu W-Fragen Antworten im Text finden,
markieren und mit eigenen Worten formulieren; wiederholtes Lesen, Selbsteinschätzun

59

Ich liebe Bücher

Drachenlachen

1 Schreibe die Wörter passend zum Bild. Male den Drachen aus.

Drachenschwanz   Drachenflügel   Drachenrachen   Drachenfuß

2 Lies genau. Kreise in jedem Wort die falsche Silbe ein.

Dramachenrachen   Drachendaaugen   Drachenschwanzma

Drachentakopf   Dradrachenfüße   Drachenbabauch

3 Lies die Wörter.
Streiche in jeder Zeile das Wort, das sich nicht reimt.

Drachen ◆ lachen ◆ Rachen ◆ machen ◆ Fach

lange ◆ Schlange ◆ sage ◆ Bange ◆ fange

kecke ◆ Schnecke ◆ Decke ◆ trinke ◆ stecke

Rinde ◆ Ende ◆ finde ◆ Linde ◆ binde

Zu Jo-Jo-Lesebuch Bayern, Seite 159:
eine Zeichnung beschriften; Wörter genau lesen, „Stolpersilben" finden;
Wörter genau lesen, Reimwörter erkennen

Die Geschichte von Ente und Frosch

Als Ente Frosch lesen sieht, kommt sie auf die Idee,
selbst eine Geschichte zu schreiben. Da kommt Igel vorbei ...

(1) Lies die Sprechblasen.
Male farbig an: rot = Ente, blau = Igel

(2) Was sagt Igel, was antwortet Ente?
Verbinde die Sprechblasen passend.

> Hallo, Ente!
> Was machst du?

> Gar nicht, ich
> bringe einfach
> meine Gedanken
> zu Papier.

> Ich wusste gar
> nicht, dass du
> schreiben kannst.

> Ich auch nicht,
> es ist heute das
> erste Mal.

> Ich schreibe
> eine Geschichte.

> Ist das nicht
> schwer?

> Ja, wenn ich
> wieder einen Gedanken
> gefasst habe.

> Ich wollte, ich könnte so
> gut schreiben wie du, Ente. Schreibst
> du bald wieder eine Geschichte?

nach Harmen von Straaten

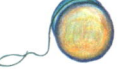 Lies im **Jo-Jo-Lesebuch** die Seiten 164 und 165.

Zu Jo-Jo-Lesebuch Bayern, Seite 164/165:
Sprechblasen lesen; Gesprächsrollen zuordnen;
zusammengehörende Dialoge verbinden

Kinderbücher

Bücher-Profis suchen Bücher, die zu ihnen passen.
Sie untersuchen mehrere Bücher genau.

(1) Betrachte die Bilder.
Kreuze an, welche Bücher dich interessieren.

1 ☐ **2** ☐ **3** ☐ **4** ☐

 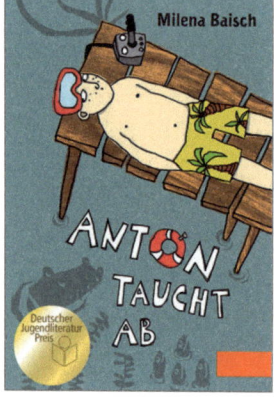  

(2) Lies die Klappentexte. Nummeriere, zu welchem Buch sie gehören.
==Markiere die Wörter==, die dir die Lösung verraten haben.

Schlafen Bäume nachts? Reden sie auch miteinander? Wo gehen Wildschweine aufs Klo? Wenn du bereit bist, Dinge über Bäume und andere Waldbewohner zu erfahren, die du nie für möglich gehalten hättest, dann komm mit! Wir gehen zusammen auf eine spannende Expedition in den Wald. ☐

Bibi Dumon Taks außergewöhnliches Tierbuch erzählt von seltenen und seltsamen Kreaturen. Es gibt Tiere, die die verrücktesten Dinge tun: Der Wasserreservoirfrosch verwandelt sich in eine Mumie und der fliegende Fisch flüchtet sich vor hungrigen Delfinen einfach aus dem Meer und schwebt in der Luft. ☐

Gespannt klettern sie die lange Strickleiter nach oben. Was für ein toller Ausblick! Doch plötzlich beginnt sich das Baumhaus zu drehen. Schneller und schneller! Dann ist alles still. Aber Philipp und Anne sind nicht mehr da, wo sie vorher waren. Sie sind im Tal der Dinosaurier ... Komm mit auf die Reise im magischen Baumhaus! ☐

Zugegeben, Campingurlaub mit Oma und Opa ist nicht gerade das Coolste. Doch erst als Anton den See entdeckt, werden diese Ferien zur echten Katastrophe. Niemals steckt er da auch nur den kleinen Zeh rein! Arschbomben und Köpper vom Badesteg? Bekloppt! Aber dann macht Anton eine Bekanntschaft der besonderen Art. ☐

Zu Jo-Jo-Lesebuch Bayern, Seite 166/167:
Buchcover betrachten und bewerten; Klappentexte lesen und Büchern zuordnen;
Schlüsselwörter markieren

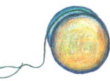 Wähle **drei Bücher** aus und kreuze sie an.
Lies dazu jeweils die Seiten im **Jo-Jo-Lesebuch**.

 **1** Lese-buch Seiten 26–27

2 Lese-buch Seite 17 und 113

 **3** Lese-buch Seiten 146–148

 **4** Lese-buch Seiten 22–23

 **5** Lese-buch Seiten 118–119

6 Lese-buch Seite 96–97

 **7** Lese-buch Seiten 108–109

 **8** Lese-buch Seiten 156–157

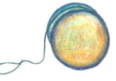 Wie haben dir die drei Texte aus dem **Jo-Jo-Lesebuch** gefallen?
Fülle die Tabelle aus und kreuze an.

Titel des Buches	☺	😐	☹

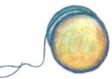 Lies einen der Texte aus dem **Jo-Jo-Lesebuch** mehrmals.

So lange habe ich zum Lesen gebraucht:

1. Tag	2. Tag	3. Tag	4. Tag	5. Tag

Datum: _____   zugehört hat: _____

So gut kann ich nun lesen: 🟢 🟠 🔴

Zu Jo-Jo-Lesebuch Bayern, Seite 166/167:
Kinderbuchtexte zu Buchcovern auswählen und bewerten;
wiederholtes Lesen, Selbsteinschätzung

63

Quer durch das Leseheft

(1) Lies und finde die Antworten in diesem Heft. Kreuze an.

1. Der Schwanz vom Hasen heißt
☐ Bürzel. ☐ Blesse. ☐ Blume.

2. Herr Ziege heißt
☐ Flock. ☐ Bock. ☐ Stock.

3. Welche zwei Namen stehen für denselben Baum?
☐ Tanne und Kastanie
☐ Lärche und Kiefer
☐ Kiefer und Föhre

4. Wenn der Jahresring eines Baumes breit ist,
☐ gab es viel Nährstoffe.
☐ gab es wenig Nährstoffe.
☐ gab es wenig Sonne.

5. Was war die Schmatzinsel in Wirklichkeit?
☐ eine fleischfressende Pflanze
☐ eine einsame Insel
☐ eine Schatzinsel

6. Im Kapitel „Winter" trägt der Pinguin
☐ Pelzmantel und Stiefel.
☐ Frack und Weihnachtsmütze.
☐ eine Krone auf dem Kopf.

7. Was sagt Luischen?
☐ Du siehst aus wie ein Kamel.
☐ Du siehst aus wie ein Pinguin.
☐ Du siehst aus wie ein Affe.

8. Was machen die Kinder am liebsten in ihrer Freizeit?
☐ Fernsehen schauen
☐ Sport treiben
☐ Freunde treffen

9. Welcher Schmetterling ist auf S. 40?
☐ Zitronenfalter
☐ Kleiner Fuchs
☐ Tagpfauenauge

10. Heuschnupfen ist
☐ eine Erkältung.
☐ der Name für eine Allergie.
☐ das Trocknen von Gras.

11. Auf S. 49 fehlen die Gesichter von
☐ Papas Papa und Mamas Papa.
☐ Papas Mama und Mamas Papa.
☐ Mamas Mama und Papas Papa.

12. Welches Land liegt in Westdeutschland?
☐ Sachsen ☐ Hessen ☐ Thüringen

13. Welches Sonnenwort steht nicht auf S. 57?
☐ Sonnenblume
☐ Sonnenschirm
☐ Sonntag

14. Auf S. 60 hat der Drache
☐ gebogene Hörner.
☐ Streifen.
☐ einen geringelten Schwanz.